Les Titres Non-Fiction par Janvier Chando

ICÔNES ET SCÉLÉRATS: Les Assassinats Politiques Récents qui ont Transformé les Pays…
LES HÉROS FALLES: Les Dirigeants Africains dont les Assassinat sont Désorganisé…
CAMEROUN: Le Système de Marionnettes Dysfonctionnel de la France…
UKRAINE: Le Bras de Fer entre la Russie et l'Occident
LE CAMEROUN: Le Cœur Hanté de l'Afrique

Les Titres Fiction par Janvier Chando

The Usurper: et Autres Histoires
Agent Triple, Double Croix
Les Disciples de Fortune
L'Union Moujik
Le Flash du Soleil
L'Appel de Fortune
Le Maître de Fortune
Les enfants de Fortune
La Fille sur le Sentier
La Légende du Feu et de la Glace
La Plus Douce Folie
Les Grand-mères
L'Incendie de la Faim
Moi avant Eux
Le Père et les Fils
Les Médecins
Les Teintes Sombres
Liens Fatidique
Le Verdict de l'Hadès
Le Procès de Sa Majesté
La Folie de Ngoko
L'Usurpateur
Le Dot
Je suis Détesté
Le Lourdaud

Les Nouveaux Titres de Janvier Chando

Le Faucon Blanc
Les Amis Mortels
Les Ours de Norilsk
La Dérive à la Maison

MÊME SES ENNEMIS ONT PLEURÉ:

L'Assassinat d'Yitzhak Rabin d'Israël

Janvier T. Chando

TISI BOOKS

NEW YORK, RALEIGH, LONDRES, AMSTERDAM

PUBLIÉ PAR TISI BOOKS
www.tisibooks.com

MÊME SES ENNEMIS ONT PLEURÉ:

L'Assassinat d'Yitzhak Rabin d'Israël
Copyright © 2021 par Janvier T. Chando

Tous les droits sont réservés

ISBN-13: 979-8-74-330988-7
ISBN-10: 8-74-330988-7

PUBLIÉ PAR TISI BOOKS
www.tisibooks.com

NEW YORK, RALEIGH, LONDRES, AMSTERDAM

Imprimé aux États-Unis d'Amérique

REMERCIEMENTS

Des mots spéciaux d'appréciation à Christopher N. Chando et tante Anna Mapajane Chitja pour avoir ouvert la porte et pour avoir donné un aperçu de la nature complexe du bourbier Arabo-Israeli.

DÉDICACE

Le livre est dédié à tous les leaders emblématiques et légendaires de l'Afrique dont les objectifs étaient de servir leur peuple et l'humanité, et de faire progresser le bien-être de l'humanité, en particulier les dirigeants Africains qui ont été privés de leurs missions historiques.

MÊME SES ENNEMIS ONT PLEURÉ:

L'Assassinat d'Yitzhak Rabin d'Israël

Citations de Yitzhak Rabin

«Vous ne faites pas la paix avec des amis. Vous le faites avec des ennemis très peu recommandables.»

«Nous devons penser différemment, voir les choses d'une manière différente. La paix nécessite un monde de nouveaux concepts, de nouvelles définitions.»

«De toutes les mains du monde, ce n'était pas la main que je voulais ou rêvais de toucher,... Nous, les soldats revenus de la bataille tachés de sang, nous qui avons vu nos parents et amis tués sous nos yeux, nous qui avons assisté à leurs funérailles et ne pouvons pas regarder dans les yeux de leurs parents, nous qui sommes venus d'un pays où les parents enterrent leurs enfants, nous qui avons combattu contre vous, les Palestiniens — nous vous disons aujourd'hui d'une voix forte et claire: Assez de sang et de larmes. Assez… Le temps de la paix est venu.»

«Assez de sang et de larmes. Assez!»

«Une paix diplomatique n'est pas encore la paix réelle. C'est une étape essentielle dans le processus de paix menant à une paix réelle.»

«Il n'y a aucun moyen de trouver un terrain d'entente, même avec les meilleures intentions du monde. Notre politique la plus sensée est de caler.»

«J'ai considéré la prévention de la guerre comme le test de notre politique de sécurité; en plus de pouvoir mettre fin rapidement et avec force à toute guerre qui nous est imposée.»

«Je crois cependant que la paix est réalisable indépendamment de la mentalité, de la société ou du gouvernement des Arabes.»

«Nous devons passer un an dans nos relations avec les États-Unis en marchant sur la pointe des pieds. Si nous réussissons l'année 1975 et que nous atteindrons 1976, nous gagnerons non pas un an mais deux.»

«Israël a un principe important: seul Israël est responsable de notre sécurité.»

«J'aimerais que Gaza sombre dans la mer, mais cela n'arrivera pas et une solution doit être trouvée.»

«Aucun dirigeant Arabe   n'envisagera sérieusement le processus de paix tant qu'il pourra jouer avec l'idée d'obtenir davantage par la violence.»

«Nous ne nous reposerons pas tant que nous ne parviendrons pas à un accord permanent [avec les Palestiniens] qui garantirait un avenir sûr à nos enfants et qui nous donnerait un espoir renouvelé de vivre dans une région où les gens mènent une vie de coopération et pas, Dieu nous en préserve, là où le sang est versé.»

«Cela ne vaut pas le papier sur lequel il est écrit à moins qu'il ne soit soutenu par le genre de force qui fera que l'autre partie jugera les sanctions trop lourdes pour rompre l'accord.»

«Nous avons tous été surpris de voir à quel point cela s'est déroulé sans heurts, par rapport à ce qui était attendu. Il a fallu du temps à la société Israélienne, 10 ans, pour devenir mûr pour une telle démarche.»

«Je crois que c'est de ma responsabilité en tant que Premier Ministre d'Israël de faire tout ce qui peut être fait pour exploiter les opportunités uniques qui nous attendent pour avancer vers la paix. Tout ne peut pas être fait par un seul acte.»

« [Les Palestiniens] ne l'ont pas fait dans le passé et ne constituent pas dans le présent une menace existentielle pour l'Etat d'Israël. »

contenu

Cartes

Israël sur une Carte du Monde

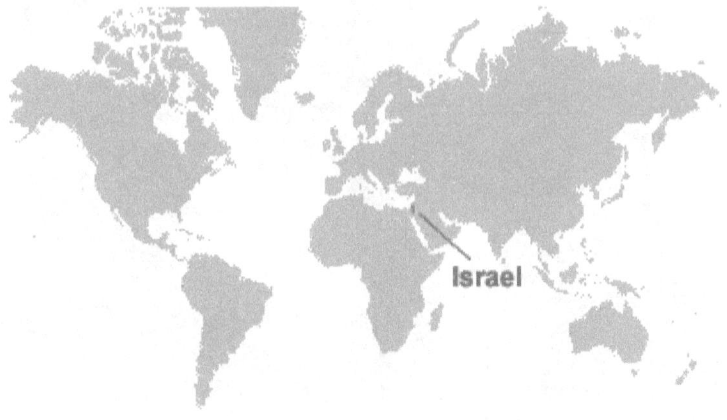

Cartes de la Palestine, d'Israël et des Territoires Occupés au Fil du Temp

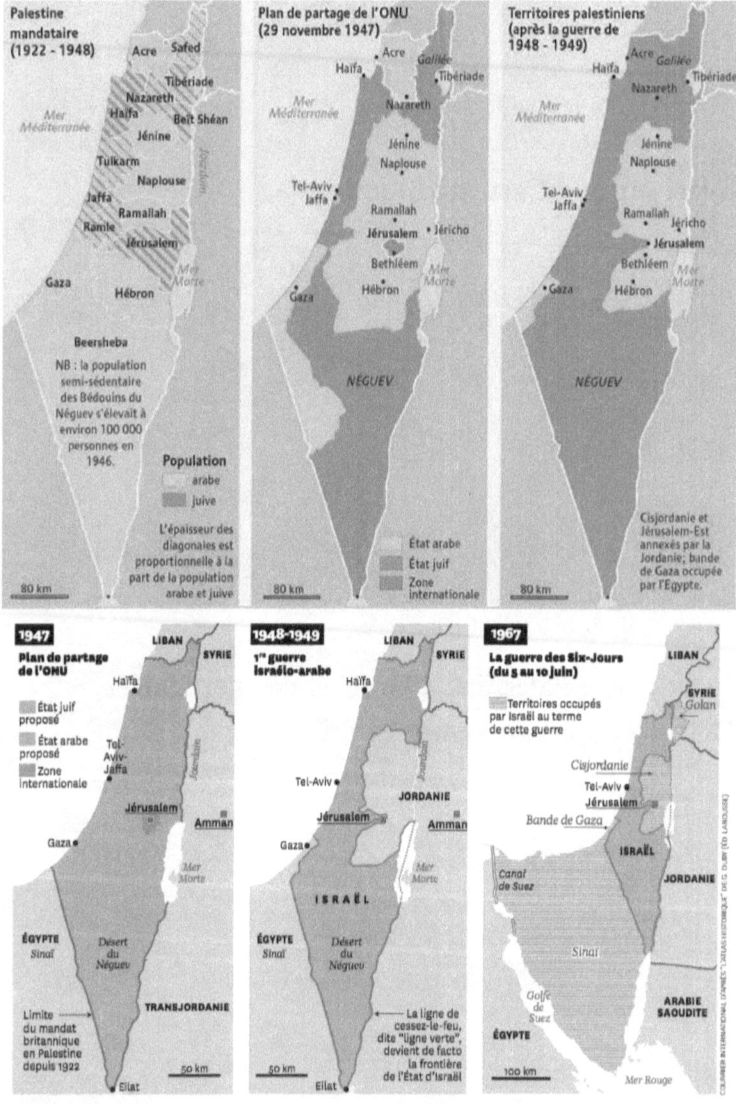
Palestine mandataire (1922 - 1948)
Acre
Safed
Tibériade
Nazareth
Haïfa
Beit Shéan
Jénine
Mer Méditerranée
Jourdain
Tulkarm
Naplouse
Jaffa
Ramallah
Ramle
Jérusalem
Gaza
Hébron
Mer Morte
Beersheba
NB : la population semi-sédentaire des Bédouins du Néguev s'élevait à environ 100 000 personnes en 1946.
Population
arabe
juive
L'épaisseur des diagonales est proportionnelle à la part de la population arabe et juive
80 km

Plan de partage de l'ONU (29 novembre 1947)
Acre
Haifa
Galilée
Tibériade
Mer Méditerranée
Nazareth
Jénine
Naplouse
Tel-Aviv
Jaffa
Ramallah
Jérusalem
Jéricho
Bethléem
Mer Morte
Gaza
Hébron
NÉGUEV
État arabe
État juif
Zone internationale
80 km

Territoires palestiniens (après la guerre de 1948 - 1949)
Acre
Galilée
Haïfa
Nazareth
Tibériade
Mer Méditerranée
Jénine
Naplouse
Tel-Aviv
Jaffa
Ramallah
Jéricho
Jérusalem
Bethléem
Mer Morte
Gaza
Hébron
NÉGUEV
Cisjordanie et Jérusalem-Est annexés par la Jordanie; bande de Gaza occupée par l'Égypte.
80 km

1947
Plan de partage de l'ONU
LIBAN
SYRIE
Haïfa
État juif proposé
État arabe proposé
Zone internationale
Tel-Aviv-Jaffa
Jourdain
Jérusalem
Amman
Gaza
Mer Morte
ÉGYPTE
Sinaï
Désert du Néguev
TRANSJORDANIE
Limite du mandat britannique en Palestine depuis 1922
50 km
Eilat

1948-1949
1re guerre israélo-arabe
LIBAN
SYRIE
Haïfa
Tel-Aviv
Jourdain
JORDANIE
Jérusalem
Amman
Gaza
Mer Morte
ISRAËL
ÉGYPTE
Sinaï
Désert du Néguev
La ligne de cessez-le-feu, dite "ligne verte", devient de facto la frontière de l'État d'Israël
50 km
Eilat

1967
La guerre des Six-Jours (du 5 au 10 juin)
LIBAN
SYRIE
Golan
Territoires occupés par Israël au terme de cette guerre
Cisjordanie
Tel-Aviv
Jérusalem
Bande de Gaza
ISRAËL
JORDANIE
Canal de Suez
Sinaï
Golfe de Suez
ARABIE SAOUDITE
ÉGYPTE
100 km
Mer Rouge
COURRIER INTERNATIONAL D'APRÈS "L'ATLAS HISTORIQUE" DE G. DUBY (Éd. LAROUSSE)

Introduction

Dans ma recherche de la raison pour laquelle certains points géopolitiques existent dans le monde, dans ma curiosité pour comprendre pourquoi certains pays et le monde en général ont connu des changements soudains et dramatiques qui ont conduit à la guerre, à l'instabilité ou à une réorientation de leur politiques nationales et étrangères qui ont non seulement affecté ces pays mais aussi influencé certaines régions ou le monde entier, j'ai exploré les assassinats politiques au cours des dizaines de décennies passées qui ont changé notre monde. Par notre monde, je veux dire nos communautés, pays, régions et l'humanité dans son ensemble.

En traitant les différents assassinats qui ont eu lieu au cours des années, j'ai utilisé une approche caractérisée par la sociologie politique, où j'ai analysé succinctement les facteurs historiques et sociaux qui ont conduit non seulement aux assassinats, mais aussi à l'assassinat de ces personnages historiques. Et à partir de ces facteurs, nous sommes présentés avec une idée ou des images de la façon dont la société affectée a évolué depuis le (s) événement (s) traumatique (s).

A partir des contrecoups qui ont suivi l'assassinat de personnages historiques, légendaires ou iconiques, nous pouvons apprendre quelque chose d'utile et proposer des scénarios ou des attentes en tant que calamités si des leaders particuliers sont assassinés, et agir ainsi en empêchant leurs assassinats.

Chapitre Un

Yitzhak Rabin

Yitzak Rabin

Yitzhak Rabin est né à Jérusalem le 1er Mars 1922, dans ce qui faisait alors partie de Palestine, un mandat de la Société des Nations, et est devenu le premier Ministre Israélien qui est né dans le pays, et le premier de son histoire à être assassiné, le quand 4 Novembre 1995 Yigal Amir, un ultranationaliste de vingt-cinq ans et un fanatique religieux Juif opposé aux Accords d'Oslo de 1993, lui a tiré dessus à bout portant à la fin d'un rassemblement pro-paix organisé à Tel-Aviv.

Les Accords d'Oslo, auxquels s'opposent des groupes radicaux dans les sociétés Israélienne et Palestinienne, sont un ensemble d'accords entre le gouvernement d'Israël et l'Organisation de Libération de la Palestine (OLP) qui a lancé le processus de paix visant à conclure un traité de paix entre Israël et les Palestiniens sur la base des résolutions 242 et 338 du Conseil de sécurité des Nations Unies. Les accords d'Oslo devaient aboutir à la réalisation du «Droit du Peuple Palestinien à l'Autodétermination».

L'assassinat d'Yitzhak Rabin par le jeune fanatique Juif a inévitablement soulevé la question de savoir si les sacrifices qu'il était prêt à amener Israël à faire pour la réalisation de la paix avec les peuples Arabophones et les États Arabes voisins n'étaient pas trop pour la société Israélienne.

Yitzhak Rabin effectuait son deuxième mandat non consécutif en tant que Premier Ministre d'Israël avant son assassinat. Le mandat qui a débuté en 1992 devait se terminer en 1996, année où il était censé se faire réélire en tant que candidat du Parti Travailliste pour emmener le parti à la victoire aux élections générales cette année.

Considéré par de nombreux experts comme le plus grand stratège de tous les généraux de l'histoire d'Israël moderne et classé parmi les trois plus grands généraux d'Israël, l'austère Yitzhak Rabin n'était pas seulement le premier Ministre né dans le pays d'Israël, il était le deuxième à meurt au pouvoir après Levi Eshkol, et le seul Premier Ministre de l'histoire d'Israël qui a été assassiné.

Yitzhak Rabin est entré sur la scène politique Israélienne après la guerre de 1967 (Six jours) qu'Israël a remporté en six jours en mettant en déroute les armées d'Égypte, de Syrie et de Jordanie; et a capturé et a occupé leurs territoires. C'était une guerre qu'il a orchestrée en tant que 7e chef d'état-major des Forces de Défense Israéliennes (FDI ou Tsahal—*IDF* en Anglais). Il a ensuite occupé le poste d'ambassadeur d'Israël aux États-Unis d'Amérique de 1968 à 1973, avant de devenir Premier ministre d'Israël de 1974 à 1977, marquant une étape fondamentale dans sa carrière de grand homme d'État.

En tant que cinquième Premier ministre d'Israël, il était respecté internationalement et était considéré comme un héros sacré par les partisans du mouvement pacifiste en Israël, qui le considéraient non seulement comme le général qui a sauvé Israël en temps de guerre, mais aussi en tant que leader du pays qui a entamé le processus de paix avec les Palestiniens.

Chapitre Deux

Comment Yitzhak Rabin, le général, s'est-il transformé en artisan de paix?

La réponse commence dès sa naissance. Né au centre médical ShaareZedek à Jérusalem d'immigrants Juifs ukrainiens de la troisième Aliyah — la troisième vague d'immigration Juive en Palestine en provenance d'Europe — ses parents s'éloignaient de la ville sainte peu de temps après sa naissance, faisant finalement de la nouvelle ville Juive laïque de Tel-Aviv leur nouvelle maison. C'est dans un foyer sioniste travailliste de cette ville côtière que le jeune Yitzhak a été élevé dès l'âge d'un an, en tant que Sabra ou Juif de naissance, à une époque et dans une société dont les enfants étaient fortement influencés par les idéaux sionistes de leurs parents et étaient fortement mobilisé à un très jeune âge pour contribuer à la réalisation de l'objectif d'une patrie pour les Juifs de Palestine conformément à la déclaration Balfour de 1917.

Le fils d'une mère qui était une figure centrale de la clandestinité Juive, le jeune Rabin apprendrait l'agriculture à Tel-Aviv dans les écoles Beit Hinuch Le Yaldei ha'Ovdim et Givat HaShlosha, avant de s'inscrire au prestigieux lycée agricole de Kadoorie en 1937. Mais c'était un an après son adhésion à l'organisation paramilitaire Juive de la Haganah, marquant le début de sa carrière militaire de 27 ans — en commençant comme soldat du Palmach (la force de combat d'élite de la Haganah — l'armée clandestine de la communauté Juive ou Yishouv en Palestine Britannique, qui est devenue le noyau de la future armée Israélienne après l'indépendance d'Israël le 14 Mai 1948 par David Ben Gurion, premier premier ministre d'Israël).

Il s'est distingué dans les premiers stades de la Première Guerre Israélo-Arabe du 15 Mai 1948 à Mars 1949 en tant que commandant de brigade, puis a gravi les échelons des Forces de Défense Israéliennes (Tsahal - formé le 26 Mai 1948 à partir de la Haganah, et les groupes militants Irgoun et Lehi) avant de devenir chef des opérations du Front Sud vers la fin de la guerre, une position qui lui a valu une place en tant que membre de la délégation Israélienne aux pourparlers d'armistice Israélo-Égyptiens tenus sur l'île de Rhodes aux États-Unis, qui a conduit aux accords d'armistice de 1949 qui ont mis fin à la première guerre Israélo-Arabe.

Carte de la Partition de la Palestine par les Nations Unies, de la Première Guerre Israélo-Arabe et de ses Conséquences

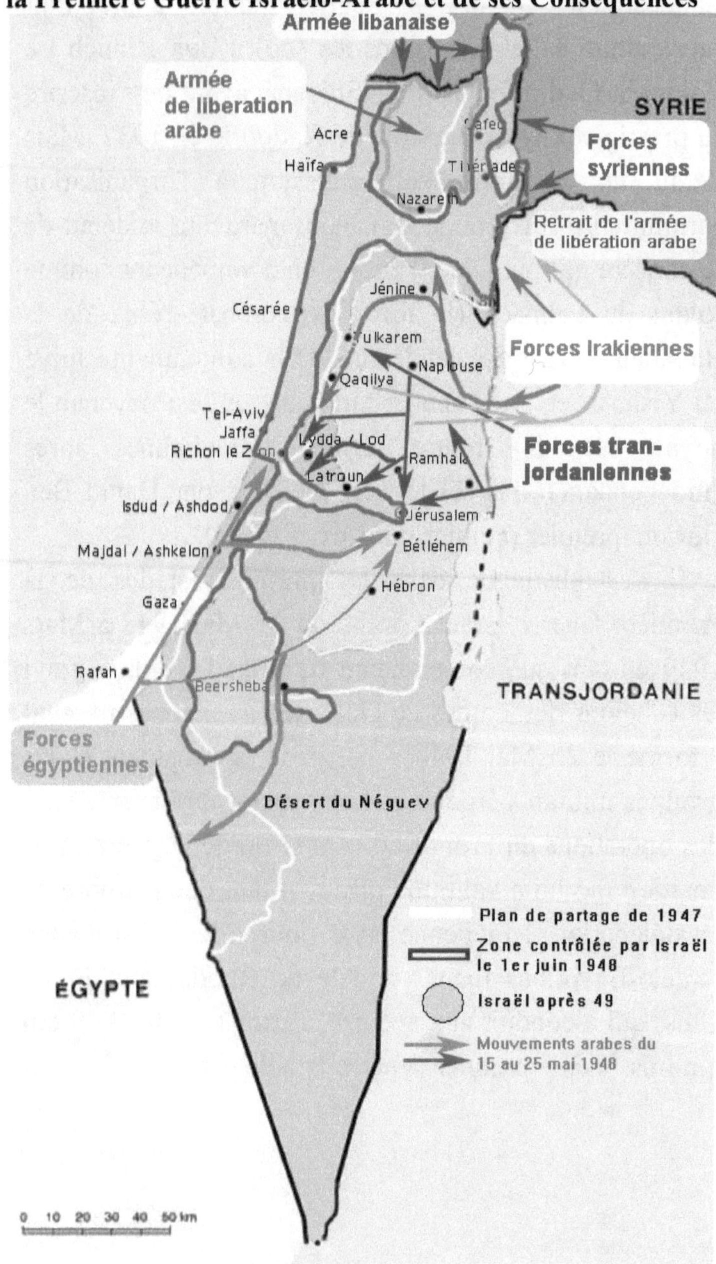

Israël d'Après-guerre, la Cisjordanie occupée par la Jordanie et la Bande de Gaza occupée par l'Egypte

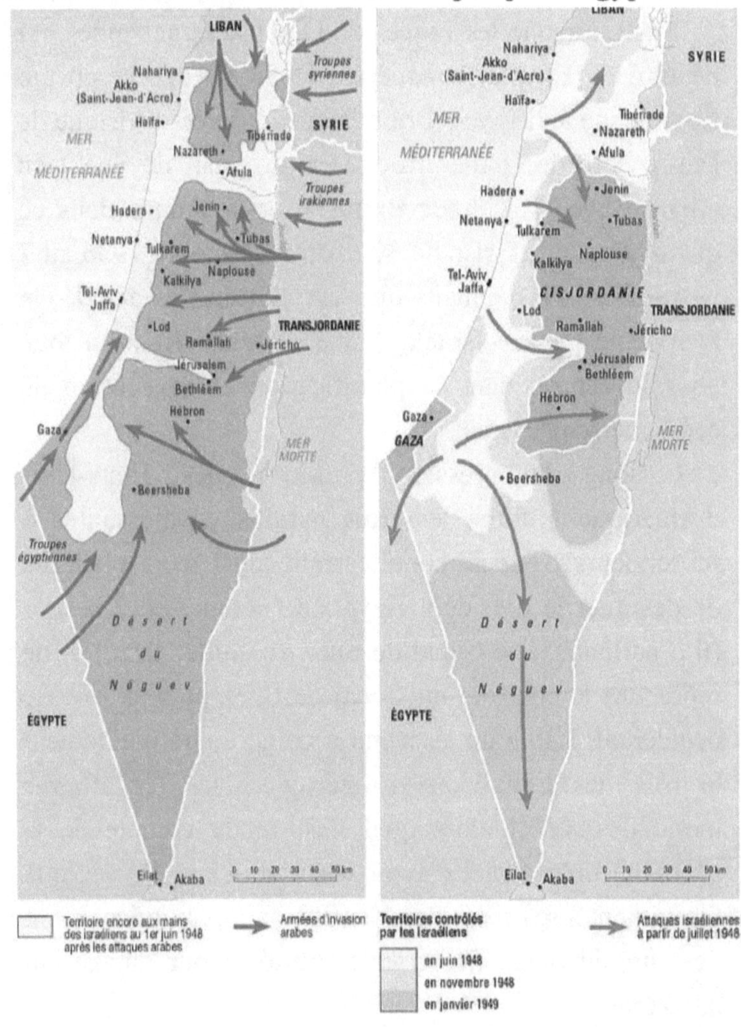

Yitzhak Rabin est entré dans les Forces de Défense Israéliennes (FDI) après la Première Guerre Israélo-Arabe ou la guerre d'indépendance d'Israël, en tant qu'ancien membre le plus âgé de Palmach qui est resté dans la nouvelle armée après la démobilisation d'après-guerre.

Ainsi, lorsque les Forces de Défense Israéliennes ont pénétré en Égypte, conquérant le Sinaï (une péninsule Égyptienne au Moyen-Orient, situé à travers l'Afrique de l'autre côté de la mer Rouge et du canal de Suez) en alliance avec la Grande-Bretagne et la France dans ce qu'on appelle la Crise de Suez du 29 Octobre 1956 au 7 Novembre 1956, mais qui est autrement appelé la Deuxième Guerre Israélo-Arabe, Yitzhak Rabin a joué un rôle central dans la planification et l'exécution de cette guerre par Israël.

Lorsque la pression politique des États-Unis d'Amérique a forcé les trois nations envahissantes à retirer leurs troupes, contrecarrant ainsi leurs objectifs de destituer le président Égyptien Gamal Abdel Nasser (il a nationalisé le Canal de Suez en Juillet 1956) et de reprendre le contrôle du Canal de Suez pour la Monde occidental, Rabin en est venu à comprendre pleinement le rôle des États-Unis d'Amérique dans les affaires mondiales. C'est alors qu'il s'est rendu compte de la nécessité pour Israël d'avoir les États-Unis d'Amérique fermement à ses côtés dans les efforts futurs qui auraient des implications de grande portée pour la nation naissante.

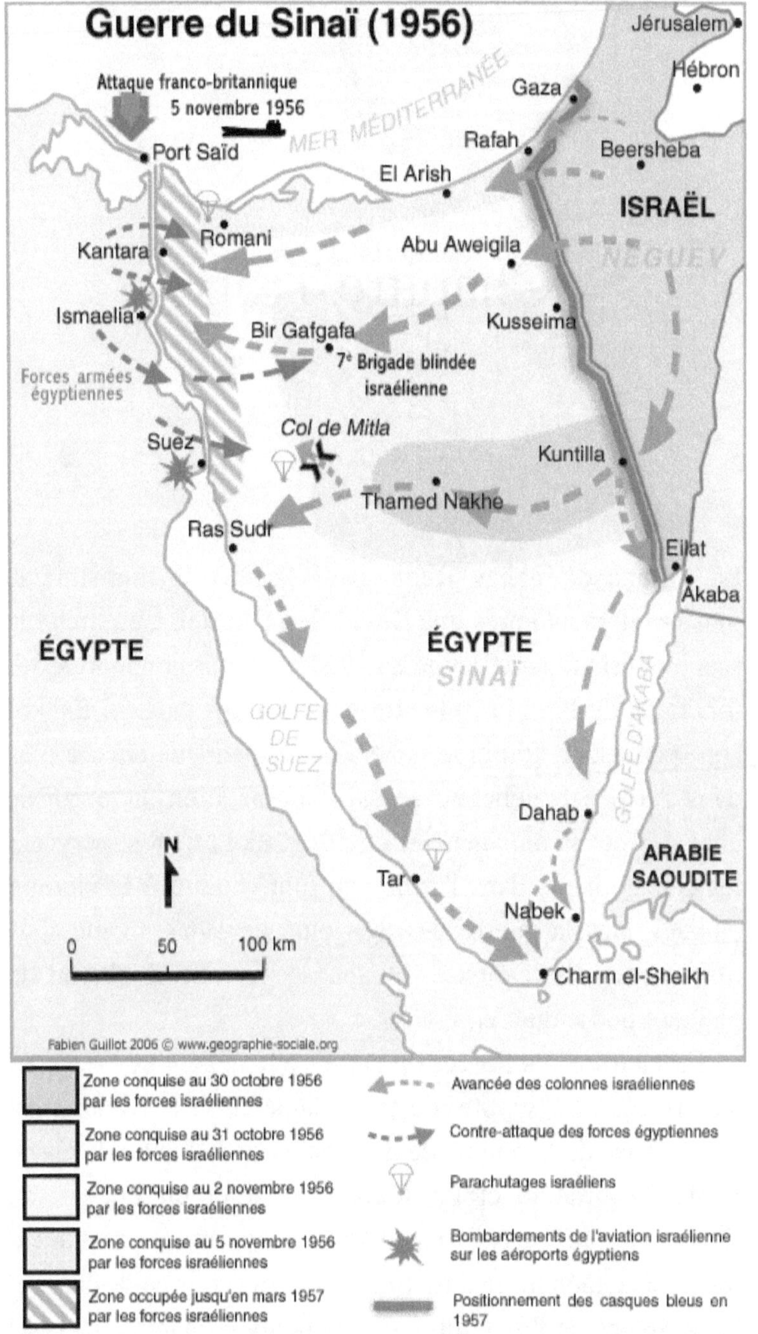

Guerre du Sinaï (1956)
Attaque franco-britannique 5 novembre 1956
MER MÉDITERRANÉE
Jérusalem
Hébron
Gaza
Rafah
Beersheba
El Arish
ISRAËL
NEGUEV
Port Saïd
Romani
Abu Aweigila
Kantara
Kusseima
Ismaelia
Bir Gafgafa
7e Brigade blindée israélienne
Forces armées égyptiennes
Col de Mitla
Kuntilla
Suez
Thamed Nakhe
Ras Sudr
Eilat
Akaba
ÉGYPTE
ÉGYPTE
SINAÏ
GOLFE DE SUEZ
GOLFE D'AKABA
N
Dahab
ARABIE SAOUDITE
Tar
Nabek
0   50   100 km
Charm el-Sheikh
Fabien Guillot 2006 © www.geographie-sociale.org
Zone conquise au 30 octobre 1956 par les forces israéliennes
Zone conquise au 31 octobre 1956 par les forces israéliennes
Zone conquise au 2 novembre 1956 par les forces israéliennes
Zone conquise au 5 novembre 1956 par les forces israéliennes
Zone occupée jusqu'en mars 1957 par les forces israéliennes
Avancée des colonnes israéliennes
Contre-attaque des forces égyptiennes
Parachutages israéliens
Bombardements de l'aviation israélienne sur les aéroports égyptiens
Positionnement des casques bleus en 1957

Chapitre Trois

La fortune d'Yitzhak Rabin dans l'armée a augmenté le plus rapidement après que David Ben Gourion a eu quitté la scène politique Israélienne en 1963 en démissionnant de ses fonctions de Premier ministre et en faisant de Levi Eshkol son successeur. Rabin le général s'est distingué encore plus dans l'armée Israélienne après sa nomination au poste de chef de l'état-major général en 1964, alors qu'il supervisait les changements dans l'armée qui ont conduit à la victoire d'Israël dans la guerre des Six jours de 1967, même si le ministre de la Défense Moshe Dayan en a obtenu la majeure partie du crédit.

La victoire des Forces de Défense Israéliennes (FDI) sur les armées de l'Égypte, de la Jordanie et de la Syrie, ainsi que la prise de la péninsule du Sinaï et de la bande de Gaza, de la Cisjordanie et de Jérusalem-Est et du Plateau du Golan de ces pays, respectivement, ont augmenté le territoire Israélien plus de trois fois et a renforcé la fierté et la confiance de l'Etat Juif à des hauteurs inimaginables. Les meilleurs militaires sont devenus des célébrités à part entière.

La Carte d'Israël après la Guerre des Six Jours de 1967

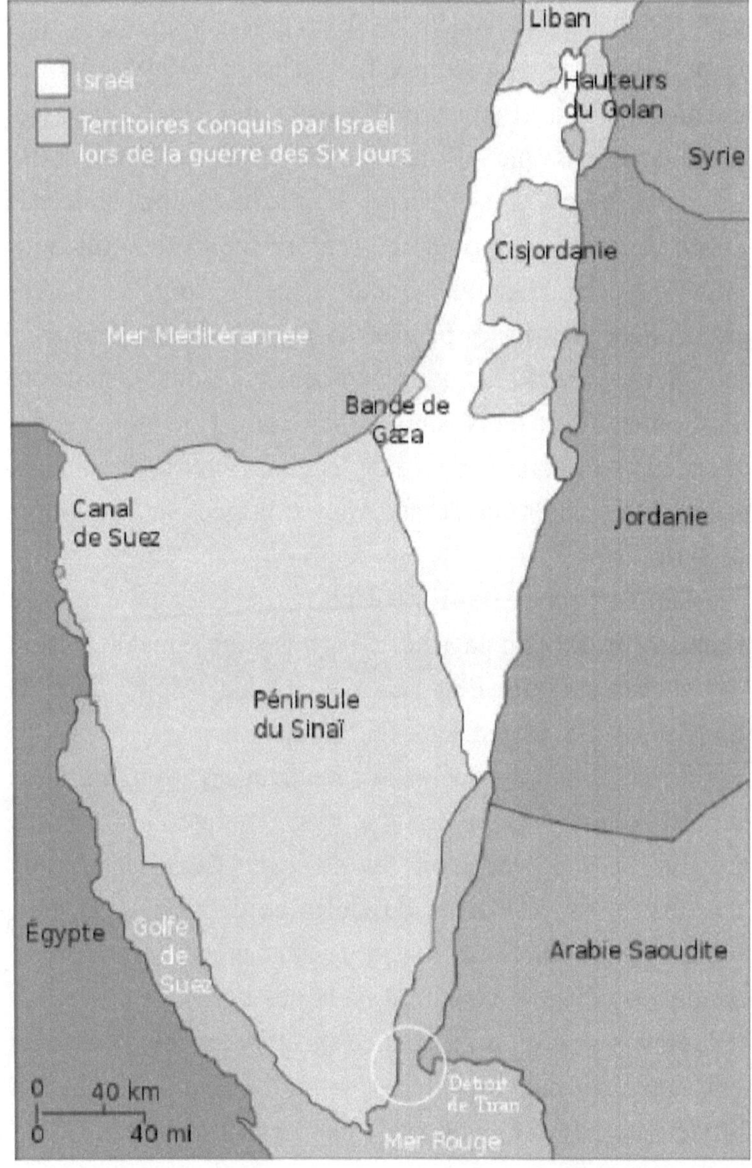

La Carte d'Israël après la Guerre des Six Jours de 1967

C'est dans cette gloire que Rabin a pris sa retraite de Tsahal et est entré en politique. Le gouvernement du 3e Premier Ministre Israélien Levi Eshkol a exploité sa renommée et l'a nommé ambassadeur d'Israël aux États-Unis d'Amérique en 1968. Le mandat d'Yitzhak Rabin en tant qu'ambassadeur d'Israël aux États-Unis de 1968 à 1973 a été une période d'approfondissement des États-Unis. Des liens Israéliens que même la mort de Levi Eshkol le 26 Février 1969 n'a jamais ralenti. Et Yitzhak Rabin obtient le crédit bien mérité pour le renforcement des relations Américano-Israéliennes, qui se sont avérées particulièrement utiles pendant la Guerre du Kippour du 6 au 25 Octobre 1973, autrement connue sous le nom de Troisième Guerre Israélo-Arabe, car il a obtenu des fournitures militaires qui a aidé Israël à éviter la défaite aux mains d'une coalition d'États Arabes dirigée par l'Égypte et la Syrie.

Rabin est rentré des États-Unis en Israël et a été nommé Premier ministre du pays en 1974, à la suite de la démission du successeur de Levi Eshkol, Golda Meir, dont la direction a été largement accusée des revers subis par les Forces de Défense Israéliennes pendant les premiers jours de la guerre du Yom Kippour lorsque les armées Égyptienne et Syrienne ont fait des gains dans la péninsule du Sinaï et sur le Plateau du Golan au début de la guerre. C'était avant qu'ils ne soient repoussés par une contre-attaque Israélienne vers et au-delà des lignes de cessez-le-feu d'avant-guerre, et jusqu'à ce qu'un deuxième cessez-le-feu convenu par les États-Unis d'Amérique et l'Union Soviétique a été imposée aux parties belligérantes, entraînant ainsi un mettre fin à la guerre.

La Guerre du Kippour de 1973

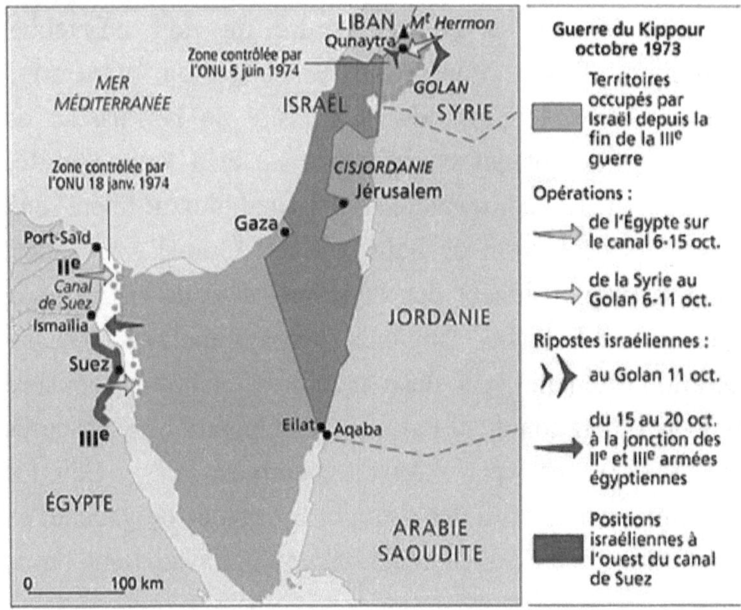

Le premier fait marquant des premières années d'Yitzhak Rabin comme Premier Ministre d'Israël a été la signature de l'Accord intérimaire du Sinaï par l'Égypte et Israël le 4 Septembre 1975, qui stipulait que leur conflit «ne sera pas résolu par la force militaire mais par des moyens pacifiques. ...", Et qui a également appelé Israël à faire de la place "pour un nouveau retrait dans le Sinaï et une nouvelle zone tampon de l'ONU". L'accord a non seulement renforcé l'engagement des deux pays à respecter la résolution 338 des Nations Unies pour résoudre l'occupation Israélienne de la péninsule du Sinaï, il a également ouvert la voie à un éventuel accord de paix en nourrissant les relations diplomatiques entre l'Égypte, Israël et les États-Unis d'Amérique.

Le deuxième point culminant de son premier mandat de Premier ministre a été son ordre du raid d'Entebbe, autrement appelé «Opération Entebbe» ou «Opération Thunderbolt». Il s'agit de la réussite de la mission de sauvetage des otages contre-terroriste et à longue portée menée par les commandos de Tsahal qui a libéré 248 passagers de l'avion de ligne Airbus A300 d'Air France, dont la plupart étaient des Israéliens détenus en otages à l'aéroport d'Entebbe, Ouganda (un pays enclavé d'Afrique centrale orientale), par deux membres du Front Populaire pour la Libération de la Palestine — Opérations extérieures (FPLP-EO) et par deux membres des Cellules révolutionnaires (l'un des groupes terroristes de gauche les plus dangereux d'Allemagne), qui travaillaient tous ensemble.

Rabin démissionnerait de ses fonctions le 8 Avril 1977, puis se retirerait de la direction du parti et de la candidature au poste de Premier Ministre pour les prochaines élections législatives. C'était à la suite du scandale financier de 1977, qui découlait des révélations selon lesquelles il avait enfreint la réglementation Israélienne sur les devises en tenant des comptes bancaires étrangers sans autorisation préalable, même s'il avait ouvert les comptes dans une banque de Washington, DC pendant les années où il travaillait aux États-Unis d'Amérique en tant qu'ambassadeur d'Israël (1968-1973), et même si les deux comptes ne contenaient que dix mille dollars.

Chapitre Quatre

Le parti d'opposition Likoud sous Menahem Begin remporterait les élections législatives Israéliennes de Mai 1977, et le parti travailliste se retrouverait dans l'opposition pour la première fois dans l'histoire Israélienne. C'est ainsi qu'Yitzhak Rabin s'est retrouvé à l'écart alors que le nouveau gouvernement Menahem Begin, soutenu par le héros de la guerre de Yom Kippour en 1973, Ariel Sharon, négociait et signait les accords de Camp David parrainés par les États-Unis avec le président Égyptien Anouar Sadate, conduisant ainsi à un règlement pacifique de la branche Égypto-Israélienne du conflit Israélo-Arabe. Sous l'égide du 39e président des États-Unis Jimmy Carter, l'accord sera suivi six mois après par la signature du traité de paix Égypte-Israël le 26 Mars 1979. Le traité a conduit à:

- une percée dans les relations entre l'Égypte et Israël grâce à une reconnaissance mutuelle qui a fait de l'Égypte le premier pays du monde Arabe à reconnaître l'existence d'Israël.

- une normalisation des relations entre Israël et l'Égypte.

- la fin de l'état de guerre de trois décennies entre Israël et l'État le plus peuplé du monde Arabe.

- le retrait total et complet de toutes les forces militaires et de sécurité Israéliennes de la péninsule du Sinaï.

L'Égypte, pour sa part, a accepté de faire de la péninsule du Sinaï une zone démilitarisée avec un ensemble de règles convenues sur la gestion de la nécessité d'une sécurité accrue dans la région.

Le fait que le Parti Travailliste soit maintenant dans l'opposition n'a pas dissuadé Yitzhak Rabin de jouer un rôle actif dans la politique Israélienne. Il a traîné dans les couloirs du pouvoir après sa démission en tant que membre de la Knesset et en siégeant à la commission des affaires étrangères et de la défense jusqu'en 1984. En fait, il a été ministre de la défense d'Israël de 1984 à 1990 dans le gouvernement d'unité nationale dirigés par les premiers ministres Yitzhak Shamir et Shimon Peres, y compris les années de la première Intifada — qui a été intense de 1987 à 1991 et provisoire de 1991 à 1993.

La Première Intifada a été une série incessante de manifestations Palestiniennes et de violentes émeutes contre l'occupation Israélienne de la bande de Gaza et de la Cisjordanie depuis deux décennies, capturées respectivement par l'Égypte et la Jordanie lors de la guerre des Six jours. C'est au cours de la deuxième année de l'Intifada, après s'être entretenu avec des Palestiniens de différents horizons, qu'il a conclu que le conflit avec les Palestiniens ne pouvait être résolu que par des moyens politiques. Il a brièvement exposé cela à un intervieweur en 1989 dans les mots suivants: *«La solution ne peut être que politique.»*

Cependant, la phase historique de la carrière politique d'Yitzhak Rabin a commencé en 1992, lorsqu'il a été réélu Premier ministre d'Israël sur une plate-forme pour embrasser le processus de paix Israélo-Palestinien. La Conférence de paix de Madrid du 30 Octobre au 1er Novembre 1991, organisée par l'Espagne et parrainée par les États-Unis d'Amérique et l'Union soviétique, dans le cadre d'un effort de la communauté internationale pour relancer le processus de paix entre Israël et les Palestiniens, aussi bien qu'entre Israël et d'autres pays Arabes, comme la Jordanie, le Liban et la Syrie, ont déclenché une dynamique sur laquelle Rabin s'est engagé à s'appuyer. Il pensait que les conditions étaient réunies dans la région pour faire la paix quand, le 13 Juillet 1992, il a déclaré ce qui suit à la Knesset Israélienne (Parlement) : *«Dans la réalité actuelle, il n'y a que deux options: soit un effort sérieux sera fait pour faire la paix avec la sécurité...ou que nous vivrons pour toujours par l'épée.»*

Il s'appuierait sur ses mots et ouvrira la voie à une recherche de la paix officielle, initiative à partir de laquelle les accords d'Oslo sont nés le 13 Septembre 1993. C'est ainsi que la perspective d'une paix globale a émergé pour la première fois au Moyen-Orient.

Yitzhak Rabin, le général d'Israël qui a orchestré la guerre la plus réussie de l'histoire d'Israël a convaincu le monde qu'il était devenu un ardent défenseur de la paix entre Israël et le monde Arabe lors d'un discours qu'il a prononcé au Congrès Américain le 26 Juillet 1994 en présence de Roi de Hussein bin Talal de Jordanie, États-Unis. Le président Bill Clinton et les législateurs s'y sont réunis lorsqu'il a déclaré :

«Moi, numéro d'identification militaire 30743, général à la retraite des Forces de Défense Israéliennes dans le passé, je me considère aujourd'hui comme un soldat de l'armée de la paix. Moi qui ai servi mon pays pendant 27 ans en tant que soldat, je vous le dis, à Votre Majesté, le roi de Jordanie, je vous le dis, nos amis Américains : aujourd'hui nous nous engageons dans une bataille qui n'a ni mort ni blessé, pas de sang et pas d'angoisse. C'est la seule bataille qui soit un plaisir à mener – la bataille pour la paix.»

Donc, cela n'a pas été une surprise quand le 14 Octobre 1994, Yitzhak Rabin a remporté le prix Nobel de la paix 1994, avec son rival politique de longue date du Parti travailliste Shimon Peres et le dirigeant Palestinien Yasser Arafat. Lorsque le 26 Octobre 1994, un an après les accords d'Oslo, Israël a signé un traité de paix avec le Royaume hachémite de Jordanie et Rabin a serré la main de son roi sous le règne duquel il avait dirigé la prise de la Cisjordanie de la Jordanie en 1967, le monde est devenu optimiste qu'il conduirait Israël à réaliser la paix globale au Moyen-Orient. En fait, tout en progressant vers un règlement définitif avec les Palestiniens, Rabin visait également un règlement de paix avec les Syriens sur le Plateau du Golan qu'Israël a capturé de la Syrie lors de la guerre de 1967. Confiant quant aux perspectives de paix, il a déclaré à un auditoire lors d'une conférence du prix Nobel le 10 Décembre 1994 :

«Il n'y a qu'un moyen radical de sanctifier les vies humaines. Pas de placage blindé, ni de réservoirs, ni d'avions, ni de fortifications en béton. La seule solution radicale est la paix.»

Les forces déterminées à détruire le processus de paix Israélo-Palestinien semblaient imparables en 1995 alors que le groupe militant Palestinien Hamas menait une campagne implacable d'attentats suicides contre les Israéliens et que les forces de droite en Israël faisaient campagne contre le Premier ministre Israélien, appelant à son éviction et la fin du processus de paix. Lorsqu'il a dit que «Nous devons combattre le terrorisme comme s'il n'y avait pas de processus de paix, et travailler pour parvenir à la paix comme s'il n'y avait pas de terreur...», il ne faisait que réitérer sa détermination à conclure un accord de paix avec les Palestiniens malgré les attaques terroristes des groupes extrémistes Palestiniens.

Certains en Israël et dans le reste du monde ont dû voir son assassinat venir lorsque Yigal Amir l'a abattu à plusieurs reprises le 4 Novembre 1995 à 21h30, à la fin d'un rassemblement en faveur des Accords d'Oslo à la Place des Rois d'Israël à Tel-Aviv. Il est décédé sur la table d'opération des suites d'une grave perte de sang et d'une perforation du poumon dans les 40 minutes après avoir été abattu par Yigal Amir, à peine une heure après avoir renforcé la foi du Camp de la Paix en Israël avec ces mots mémorables :

> *«J'ai été militaire pendant vingt-sept ans. J'ai combattu tant qu'il n'y avait aucune perspective de paix. Aujourd'hui, je crois qu'il y a des perspectives de paix, de grandes perspectives. Nous devons en profiter pour le bien de ceux qui sont ici et pour ceux qui ne sont pas ici. Et ils sont nombreux parmi notre peuple."*

Les funérailles et l'enterrement d'Yitzhak Rabin ont eu lieu le 6 Novembre 1995 au cimetière du mont Herzl à Jérusalem, où il a été inhumé. Les cérémonies ont été suivies par des centaines de dirigeants mondiaux, dont quelque 80 chefs d'État.

Chapitre Cinq

Yitzhak Rabin, le soldat remarquable qui est devenu un champion de la paix, est devenu un symbole du processus de paix Israélo-Palestinien depuis sa mort des balles tirées par un assassin opposé à la nature de la paix entre Israéliens et Palestiniens, que le grand général Israélien et homme d'État avait embrassé.

Aujourd'hui, il n'y a pas d'accord de paix définitive entre Israël et les territoires Palestiniens. Israël a été détourné par ses forces politiques de droite qui contrôlent maintenant le gouvernement et l'armée; Le Hamas dirige maintenant Gaza, et l'Autorité Palestinienne se trouve dans un état d'impuissance avec le contrôle de près de la moitié du territoire Palestinien de Cisjordanie.

À l'étranger, il y a des rues et les places portent le nom du Premier ministre Israélien assassiné dans les villes allemandes de Bonn et Berlin; dans les villes Américaines de Chicago, Miami et New York; dans la capitale espagnole de Madrid et dans la ville Ukrainienne d'Odessa. Son nom est bien en vue dans les parcs de la ville Canadienne de Montréal, de la capitale Française de Paris, de la capitale Italienne de Rome et de la ville Péruvienne de Lima.

En Israël, les ponts, les parcs, les quartiers, les écoles,

les rues, les complexes administratifs, les centrales électriques, les synagogues et les postes frontaliers portent le nom d'Yitzhak Rabin. Une bibliothèque et un centre de recherche appelé le Centre Yitzhak Rabin ont été construits à la mémoire du Premier ministre Israélien assassiné. Son nom est honoré dans la musique, les timbres postaux, les Forces de Défense Israéliennes (FDI) et dans les centres d'enseignement supérieur en Israël et à l'étranger. La commémoration du jour de l'assassinat d'Yitzhak Rabin en tant que jour du souvenir officiel est considérée par la plupart des Israéliens comme la plus haute reconnaissance de son importance dans l'histoire d'Israël. Ainsi, lorsqu'en 2005, il a reçu à titre posthume le prix Dr. Rainer Hildebrandt pour les droits de l'homme qui est décerné chaque année à ses lauréats en reconnaissance de leur engagement extraordinaire et non violent envers les droits de l'homme, beaucoup de gens n'en ont pas été surpris.

Il y a une école de pensée selon laquelle si Yitzhak Rabin n'avait pas été assassiné, il aurait remporté les prochaines élections générales et aurait utilisé son nouveau mandat pour conclure un accord de paix définitif avec l'Autorité Palestinienne sous son président Yasser Arafat, apportant ainsi la paix à la Moyen-Orient et saper les groupes islamiques radicaux dans un processus qui aurait empêché :

- Les attentats terroristes du 11 Septembre 2001 aux États-Unis

- La guerre contre le terrorisme qui en a résulté qui a vu les États-Unis envahir l'Afghanistan et l'Irak

- La guerre entre le Hamas et l'Autorité Palestinienne qui a conduit à la prise de Gaza par le Hamas

- Le printemps Arabe

- Les guerres civiles en Libye et au Yémen

- La montée en puissance des organisations militaires et politiques terroristes, inspirées de l'idéologie jihadiste salafiste, connue sous le nom d'État islamique (EI), mais aussi appelée État islamique d'Irak et de Syrie (ISIS) ou Daech en Arabe

- Et la guerre civile en Syrie.

Une autre école de pensée soutient que Yasser Arafat aurait déçu Yitzhak Rabin. Ce groupe est convaincu que le dirigeant Palestinien n'a jamais eu l'intention de conclure une paix définitive avec Israël. Le principal partisan de cette opinion est Ehud Barak qui, en tant que Premier ministre Israélien du 6 Juillet 1999 au 7 Mars 2001, est arrivé au pouvoir en s'engageant à réaliser le rêve de Rabin en concluant la paix entre Israël et les Palestiniens. Ehud Barak a blâmé Yasser Arafat pour l'échec du Sommet de Camp David de 2000, qui était censé apporter une résolution finale au conflit Israélo-Palestinien, affirmant que Yasser Arafat n'avait jamais eu l'intention de parvenir à un accord sur les questions de statut final concernant :

- L'arrangements de sécurité entre Israël et le futur État Palestinien

- Les colonies Juives dans les territoires Palestiniens occupés de Cisjordanie et de Gaza dans ce qui allait devenir un État Palestinien

- Le Mont du Temple de Jérusalem, autrement appelé Haram esh-Sharif par les Musulmans, qui est considéré comme le site le plus sacré du Judaïsme et le troisième site le plus sacré de l'Islam

- Le réfugiés et droit des Palestiniens au retour en Israël

- Et Jérusalem (la nature de sa partition et de sa souveraineté)

L'Esplanade des Mosquées, connu en Arabe sous le nom de Bayt al-Maqdis ou al-Ḥaram esh-Šarīf signifiant «Le Sanctuaire Noble», et par les Juifs sous le nom de Mont du Temple, se compose du Dôme du Rocher, la Mosquée al-Aqsa, et à droite en contrebas de l'esplanade est le Mur Occidental

L'échec du sommet de Camp David, les incitations Palestiniennes et la visite du chef de l'opposition Israélienne du Likoud, Ariel Sharon, le 28 Septembre 2020, au complexe du Mont du Temple (qui est le site du Dôme du Rocher et de la mosquée al-Aqsa), visaient à affirmer la souveraineté Israélienne sur le lieu saint, a déclenché des émeutes Palestiniennes qui ont déclenché la deuxième Intifada.

C'est à la faveur de la deuxième Intifada autrement appelée Intifada Al-Aqsa qu'Ariel Sharon a mis à contribution les sentiments de durcissement et les préoccupations croissantes en matière de sécurité en Israël et a vaincu le chef du gouvernement Israélien en exercice Ehud Barak lors des élections du 6 Février 2001 au poste de Premier ministre. La Seconde Intifada prendrait fin le 8 Février 2005, à peine trois mois après la mort de Yasser Arafat le 11 Novembre 2004.

Israël sous sa Premier ministre intransigeant Ariel Sharon retirerait tous les colons Juifs et les militaires israéliens de la bande de Gaza, le groupe militant palestinien Hamas se débarrasserait de l'Autorité palestinienne dans la bande de Gaza lors du conflit militaire du 10 Juin 2007 et du 15 Juin 2007 qui a opposé le Hamas et les forces du Fatah. Cela faisait suite à la lutte pour le pouvoir entre les deux après que le Fatah a perdu les élections législatives de 2006 dans la bande de Gaza au profit du Hamas. La prise de contrôle de la bande de Gaza par le Hamas a provoqué l'effondrement du gouvernement d'unité palestinienne, de sorte que les territoires palestiniens sous contrôle palestinien sont désormais divisés en deux entités de facto — la bande de Gaza sous le contrôle du Hamas et la Cisjordanie gouvernée par l'Autorité nationale Palestinienne dirigée par le Fatah.

Même si la gauche n'est jamais revenue au pouvoir en Israël depuis 2001, même si Israël a construit une barrière en Cisjordanie pendant la deuxième Intifada au motif qu'il était nécessaire de mettre un terme à la vague d'assassinats politiques en Israël par les Palestiniens de la Cisjordanie, et même si d'autres plans de paix n'ont pas abouti à un traité de paix entre Israël et les Palestiniens, le rêve de Rabin de faire la paix avec le monde Arabe ferait un pas en avant lorsque, le 13 Août 2020, la médiation des États-Unis a conduit les Émirats Arabes unis (EAU) à normaliser leurs relations avec Israël en concluant la '«Pacte de paix des Accords d'Abraham: Traité de paix, Relations Diplomatiques et Normalisation Complète entre les Émirats Arabes Unis et l'État d'Israël», autrement appelé «Accords d'Abraham». L'accord a été suivi par la signature d'un traité de paix entre Israël et les Émirats Arabes Unis le 15 Septembre 2020, faisant des Émirats Arabes Unis le troisième pays du monde Arabe après l'Égypte et la Jordanie à conclure la paix avec Israël et à coopérer avec lui sur des sujets économiques, diplomatie et sur d'autres fronts.

Yitzhak Rabin, le Sabra qui a servi la terre de sa naissance et de son pays toute sa vie en tant que soldat, homme politique et homme d'État, aurait pu contraindre Yasser Arafat à surmonter ses inhibitions intérieures et à faire les sacrifices pour la paix qui auraient réalisé un État Palestinien indépendant; et Yitzhak Rabin avait la confiance, le respect et la crainte du monde Arabe , affirment certains experts. Quelle que soit la spéculation, le garçon timide qui est devenu l'un des plus grands chefs militaires d'Israël et le centre de son long voyage vers la paix avec ses voisins Arabes et Musulmans, sera à jamais pleuré par ceux qui rêvent de paix entre Israël et les Arabes et le monde Musulman.

Yitzhak Rabin d'Israël, Bill Clinton des Etats-Unis et le Leader Palestinien Yasser Arafat lors de la signature des Accords d'Oslo

Yitzhak Rabin d'Israël et le Roi Hussein de Jordanie